Armin Täubner

Tiere aus Tonkarton

basteln, spielen, dekorieren

frech-verlag

Tonkarton ist ein beliebtes Bastelmaterial. Man kennt ihn vor allem von Fensterbildern und Glückwunschkarten, aber er ist weitaus vielseitiger. Es gibt zahlreiche Möglichkeiten, hübsche Dinge aus Tonkarton zu basteln. Eine davon möchte ich Ihnen vorstellen: Tiere, mit denen man spielen kann, die sich zudem als phantasievolle Tischdekoration eignen.
Kinder sind große Tierfreunde. Egal, ob es die eigenen „Waldis“ und „Peterles“ sind oder der grimmig dreinschauende Löwe und das lustig hüpfende Känguruh im Zoo.
Es macht Spaß mit Tierfiguren zu spielen, ganz gleich, ob auf dem Tisch oder auf dem Fußboden, der mehr Platz bietet. Hier läßt sich eine Wüstenlandschaft ausdenken mit durstigen Löwen am Wasserloch, an dem schon gefährliche Krokodile und Schlangen lauern. Oder ein Bauernhof mit einer kleinen, friedlich grasenden Ponyherde, Katzen, Hunden und Enten.
Einige der Tiere sind sogar nützlich. Sie dienen auf dem Kaffeetisch als Serviettenhalter, Tischkarte oder als ausgefallene und witzige Tischdekoration.

Viel Spaß beim Basteln, Spielen und Dekorieren!

ISBN 3-7724-1328-5 · Best.-Nr. 1328 · © Copyright 1990 by Frech

3. 4. 5. Auflage
Erste Zahl maßgebend

frech-verlag

Jahr: 1994 93 92 91
Letzte Zahl maßgebend

Printed in Western Germany · Druck: Frech, Stuttgart-Weilimdorf

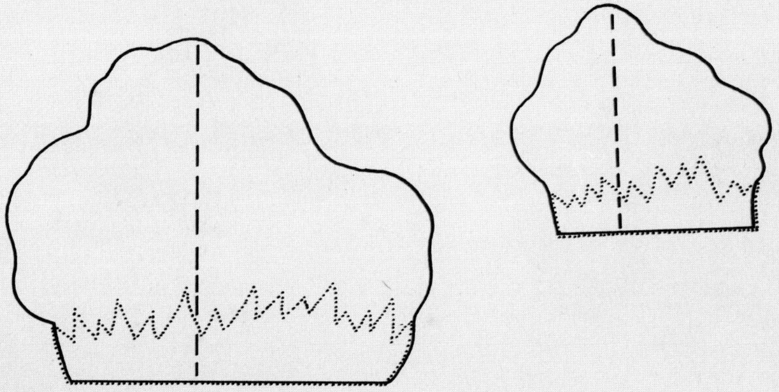

Enten *(Abb. siehe Seite 1)*

Den Körper der Enten jeweils doppelt ausschneiden. Mit einer Nagelfeilenspitze und einem Lineal die gestrichelten Linien nachziehen und leicht in den Karton einritzen. Die beiden Entenkörper oberhalb dieser Linie zusammenkleben.

Den „Teich“, der auch als Platzdeckchen benutzt werden kann, in Grün und Blau verschieden groß anfertigen.

Die Büsche ausschneiden und an der gestrichelten Linie knicken. Das hellgrüne Gras aus Tonkarton ausschneiden und aufkleben.

Frösche

Die beiden Rumpfteile mit Hilfe einer Schablone ausschneiden.
Die Beine entlang der gestrichelten Linien umklappen und die beiden Hälften so aufeinanderkleben, daß sich die Falze der Vorder- und Hinterbeine auf einer Linie befinden.
Den herzförmigen Kopf zweimal ausschneiden. Auf einen Teil werden die Augen geklebt und die Nasenlöcher aufgemalt. Am anderen grünen Kopfteil die rote Maulinnenseite, die entlang der punktierten Linie gefaltet wird, zur Hälfte ankleben. Der Falz des Froschmauls liegt jetzt genau auf der punktierten Linie des zweiten Kopfteils. Nun werden die oberen Hälften der beiden grünen Kopfteile aufeinandergeklebt. Das Froschmaul leicht öffnen und anschließend den Kopf auf den Rumpf kleben.

Der Schmetterling wird aus doppelt gelegtem Tonkarton ausgeschnitten und an der gestrichelten Linie auseinandergeklappt. Mit Filzstift die Punkte und den Körper aufmalen.

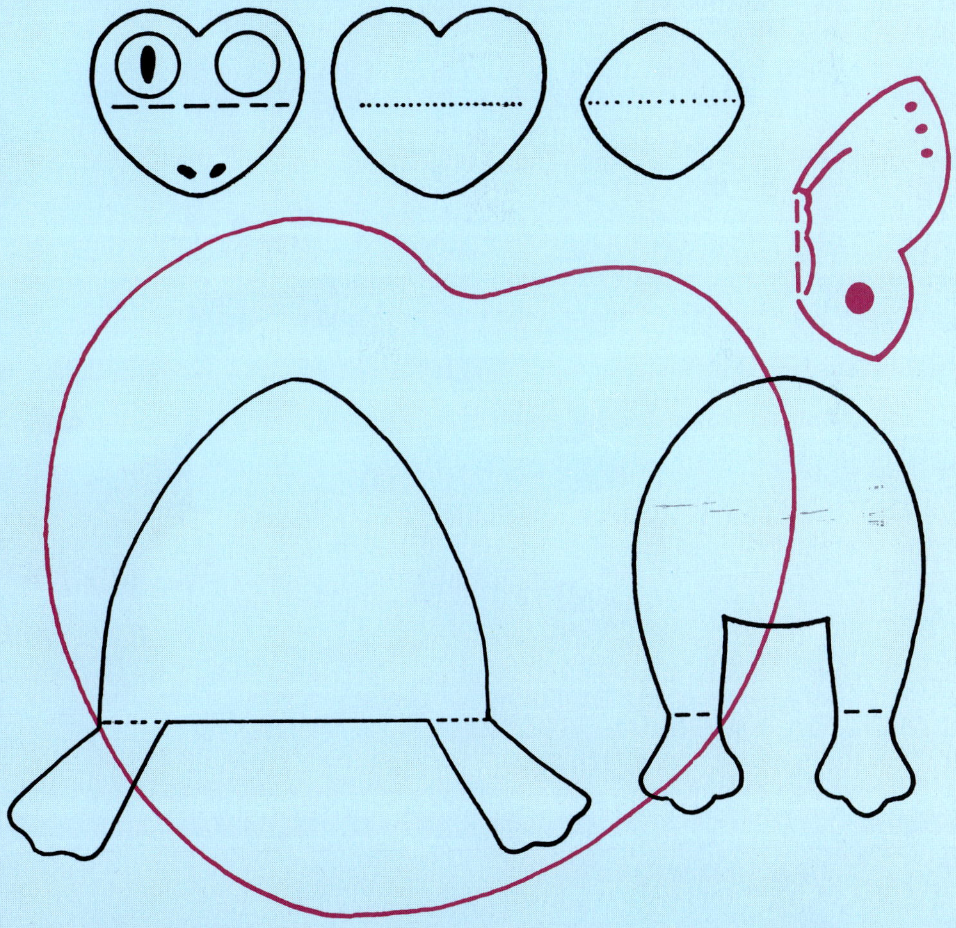

Hasen

Den Hasen entlang der gestrichelten Linie (senkrecht) und der durchgezogenen Linie (unter den Füßen – waagerecht) falten. Mit schwarzem Filzstift das Gesicht aufmalen. Abschließend die rosa Innenohren und die Schleife ausschneiden und aufkleben.

Martin

Vögel

Das Rumpfteil jeweils an den gestrichelten Linien falten. Anschließend die Fläche A auf die Fläche B kleben. An der Fläche C wird der Fuß fixiert. Den Rumpf so wie in der Zeichnung unten formen. Der Kopf besteht aus einem Ring, der aus einem Papierstreifen geklebt wird. Augen und Schnabel am Kopf fixieren. Zum Schluß den Flügel im Körperring anbringen.

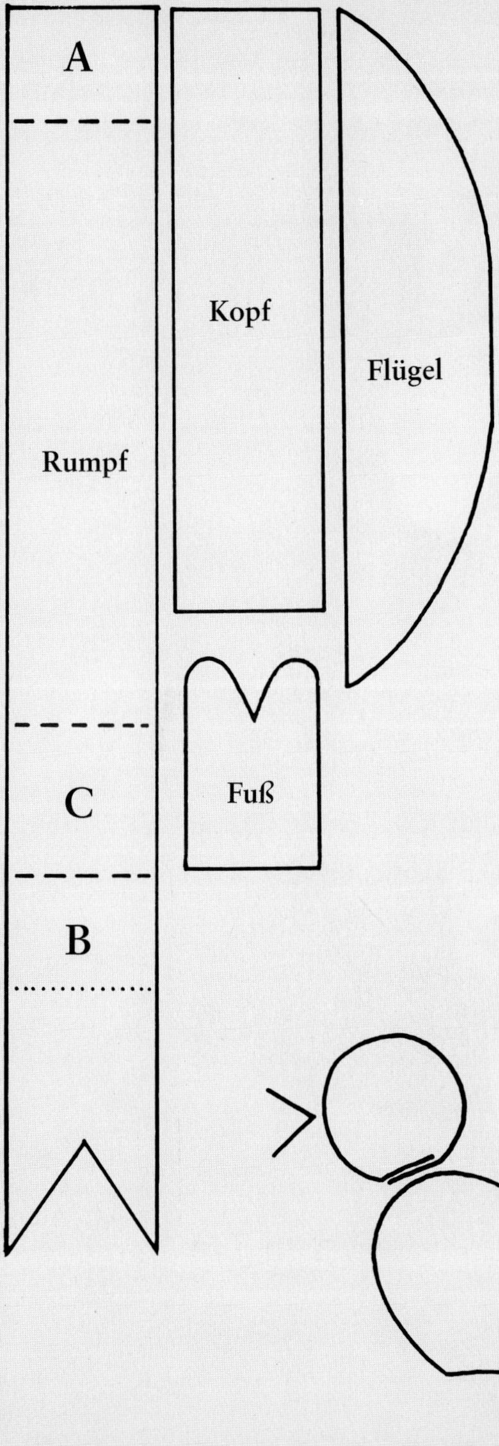

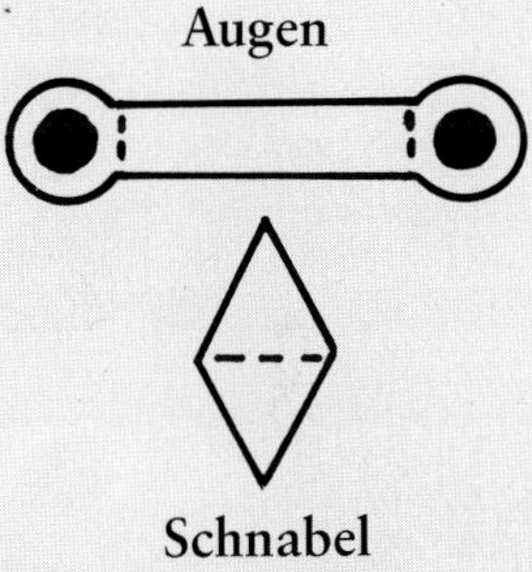

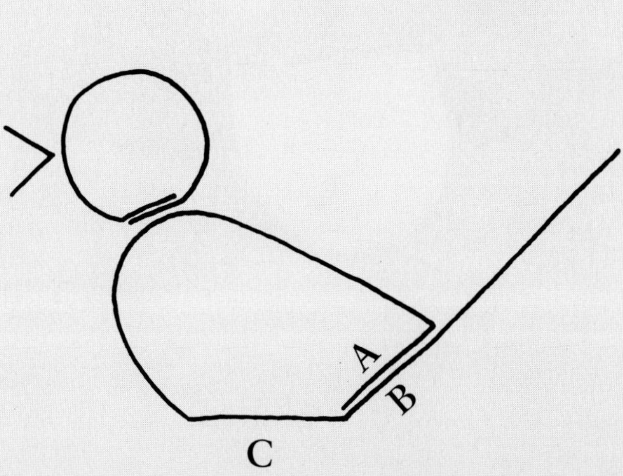

Eulen

Aus den beiden Papierstreifen zwei Ringe kleben. Diese Ringe als Kopf und Rumpf versetzt aufeinanderkleben. Am Kopf die seitlich eingeschnittenen Ohren sowie Schnabel und Augen anbringen. Weißes Brustteil, Flügel und Fußteil am Rumpf fixieren.

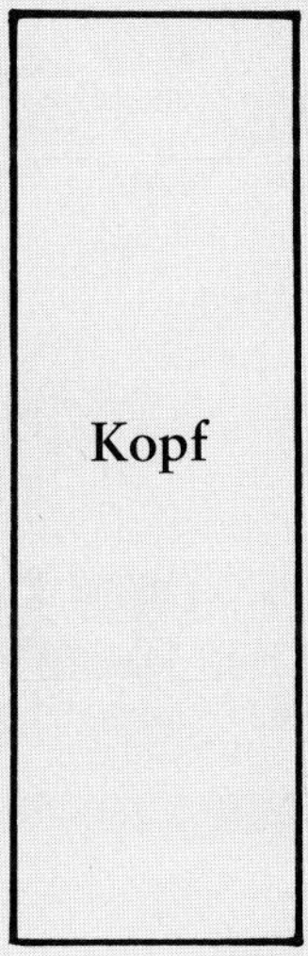

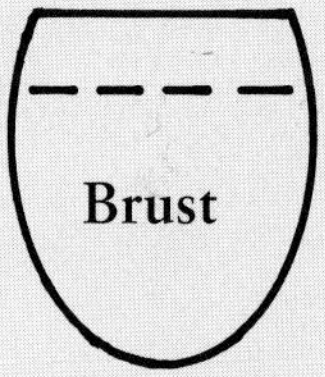

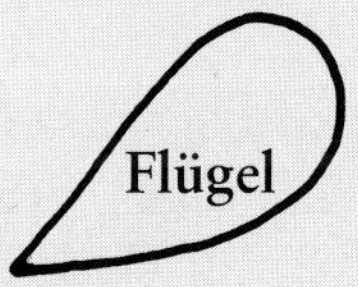

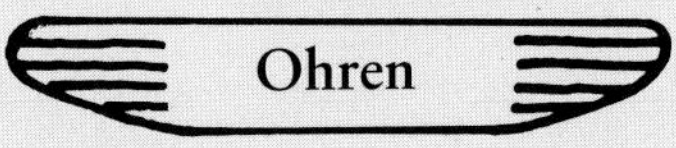

Schlangen

Auf den gelben Schlangenrumpf evtl. einen etwas schmäleren Papierstreifen in einer Kontrastfarbe, hier z. B. Grün, kleben. Anschließend den Rumpf in Ein-Zentimeter-Abständen ziehharmonikaartig falten (gestrichelte Linien). Ober- und Unterkiefer ausschneiden und an den schraffierten Flächen aufeinanderkleben. Die rote Maulinnenseite (punktierte Linie) einkleben und die Zunge fixieren. Das Augenteil mit den aufgeklebten Augen am Kopf befestigen. Entlang der gestrichelten Linie den Kopf falten und am Rumpf ankleben.

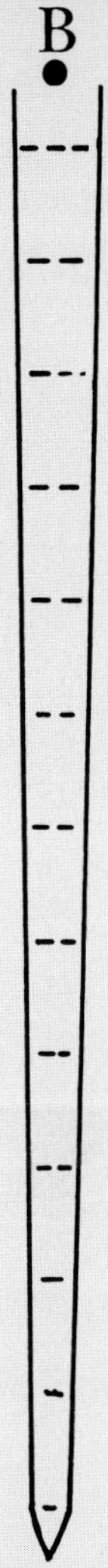

Diese beiden Streifen gehören zusammen. Sie wurden nur aus Platzgründen getrennt. Bitte setzen Sie beim Durchpausen beide streifen so zusammen, daß Punkt A auf Punkt B liegt!

Dieses Teil doppelt, als Ober- und Unterkiefer, ausschneiden.

Möwen

Nach dem Ausschneiden die Möwe entlang der gestrichelten Linie nach oben falten und entlang der punktierten Linien nach unten falten. Den Kopf zusammenkleben. Mit Filzstift den Schnabel einfärben und die Augen aufmalen.
Einen Papierstreifen, 4 cm × 0,5 cm, in der Mitte falten und als Aufhängung zwischen die Flügel kleben. Solange der Klebstoff noch nicht angetrocknet ist, kann, mittels eines durchgezogenen Fadens, die beste Position der Aufhängung ermittelt werden.

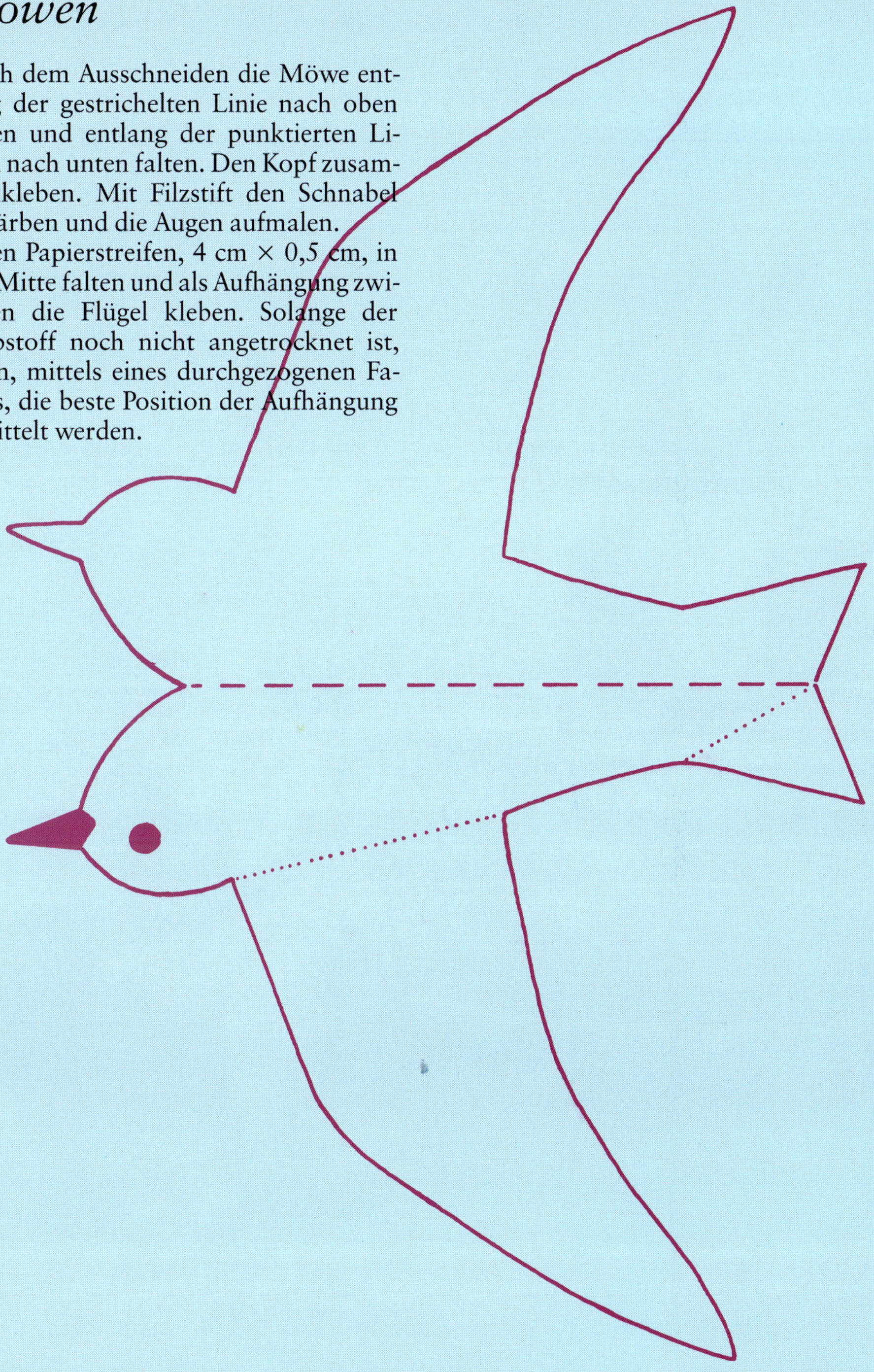

Bären

Fast alle Körperteile bestehen aus Tonpapierstreifen, die zu Ringen zusammengeklebt werden.
Am Rumpf zunächst die Hinterbeine ankleben. Dadurch erhält das Tier seine Standfestigkeit.
Nun den Kopf und anschließend die Vorderbeine anbringen. Die Ohren sind zwei Kreisscheiben mit einem kleinen seitlichen Einschnitt. Sie werden entlang dieser Schnittlinie und der punktierten Linie umgeklappt, seitlich auf den Kopf gesteckt und festgeklebt. Auf die weiße Scheibe Maul und Nase aufmalen, am Kopf ankleben und knapp daneben die Augen markieren. Abschließend den weißen Bauchfleck anbringen.

Rumpf
1× ausschneiden

Vorderbeine
2× ausschneiden

Hinterbeine
2× ausschneiden

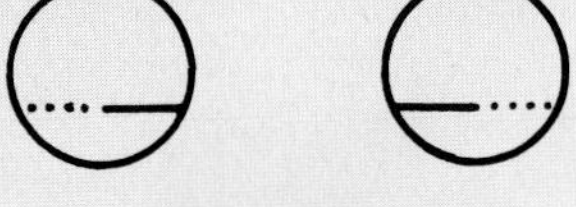

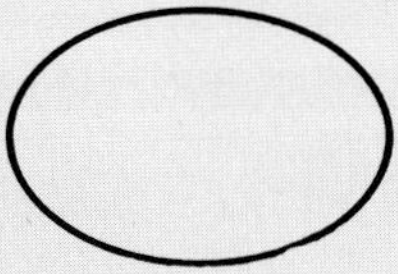

Kopf
1× ausschneiden

Vögel

Den Rumpf mit Hilfe einer Schablone ausschneiden, an der gestrichelten Linie umklappen und beidseitig Kopf und Flügel ankleben. Die Flügel stützen den Rumpf nach hinten hin ab.
Den Schnabel und die Augen mit Filzstift bemalen.

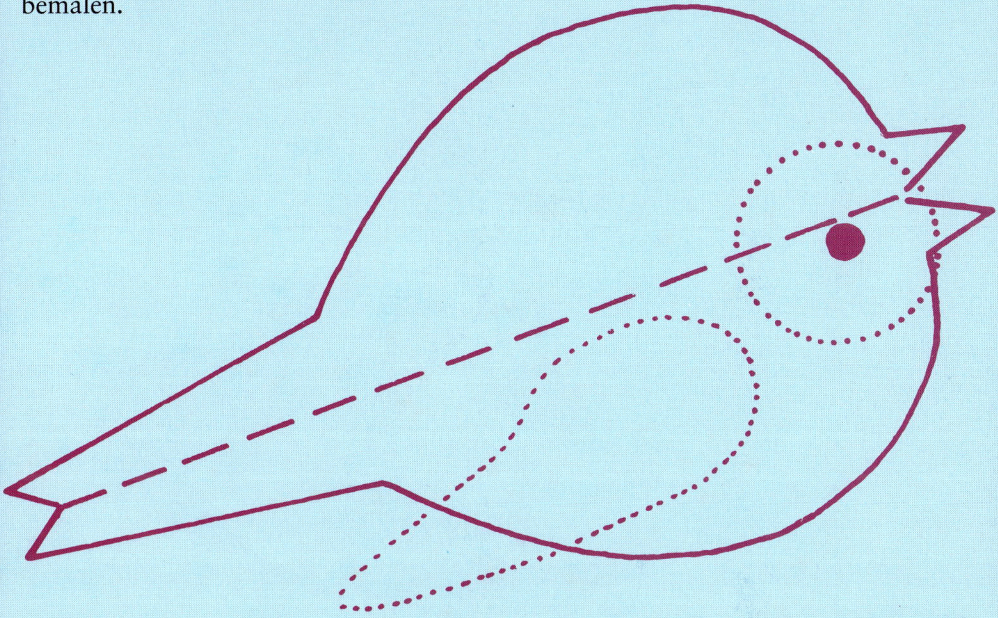

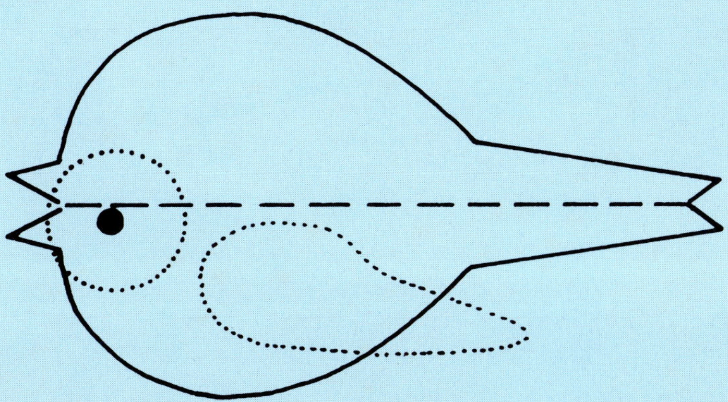

Flußpferde

Kopf, Rumpf und Beine bestehen aus Tonpapierstreifen, die zu Ringen zusammengeklebt werden. Nach dem Trocknen werden Kopf und Rumpf etwas zusammengedrückt, so daß aus den Ringen Ovale werden. Am Rumpf Kopf, Beine und Schwanz befestigen.
Auf das Augenteil mit schwarzem Filzstift die Augen aufmalen, es entlang der gestrichelten Linie umschlagen und am Kopf befestigen. Jetzt fehlen nur noch die Nasenlöcher, die ebenfalls aufgemalt werden.

Augen

Schwanz

Beine
4×
ausschneiden

Kopf
1×
ausschneiden

Rumpf
1×
ausschneiden

Känguruhs

Den ausgeschnittenen Körper entlang der gestrichelten und punktierten Linien umschlagen. Aus hellem Karton oder Papier den trapezförmigen Beutel ausschneiden. Den Beutel entlang der gestrichelten Linie nach oben und entlang der Strichpunkt-Linien nach unten falten. Nun die beiden schmalen Faltränder des Beutels direkt an die punktierten Linien des Känguruhrumpfes kleben. Das junge Känguruh im Beutel fixieren. Den Schwanz anbringen und das Känguruh nur am Kopf zusammenkleben. Augen und Schnauze aufmalen. Abschließend, etwas versetzt, die Ohren anbringen.

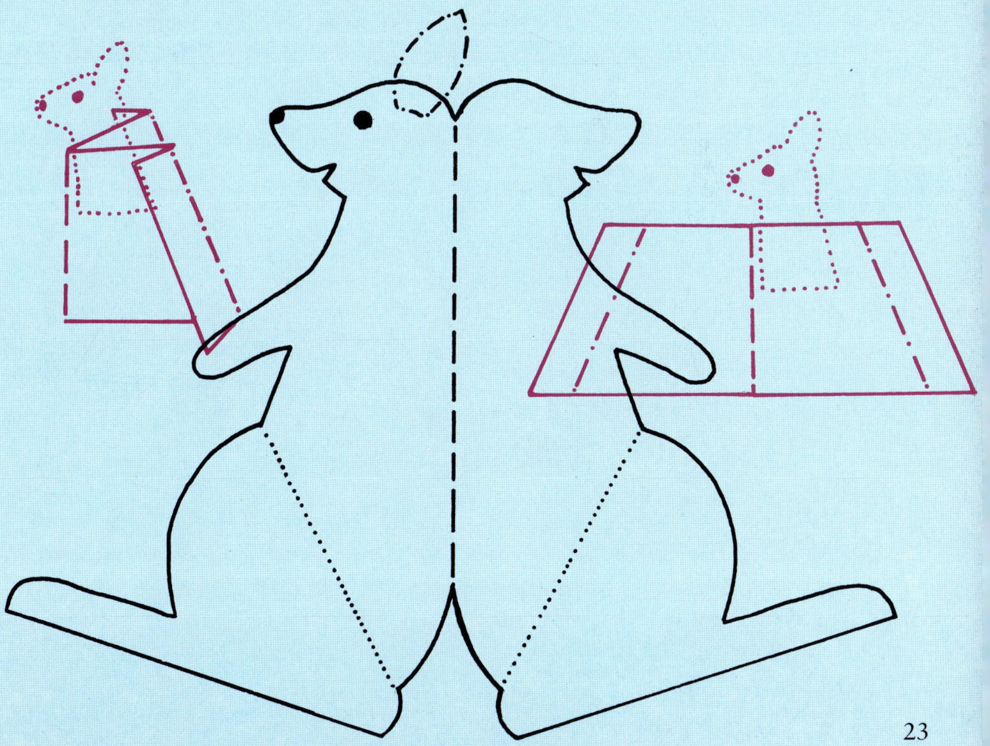

Löwen

Löwe und Löwin unterscheiden sich nur durch die angeklebte Mähne. Nach dem Ausschneiden den Rumpf mittig umklappen und Kopf sowie Schwanz ankleben. Beim liegenden Löwen müssen noch die beiden Hinterbeine angeklebt werden.

Für Palmen und Buschwerk Tonkarton verwenden. Die Palmengruppe wird an der Rückseite durch einen angeklebten Kartonwinkel (punktierte Linie) abgestützt. Die Unterkante dieses Winkels sollte leicht schräg geschnitten werden, damit die Palmen sich nach hinten neigen und nicht nach vorne umkippen.

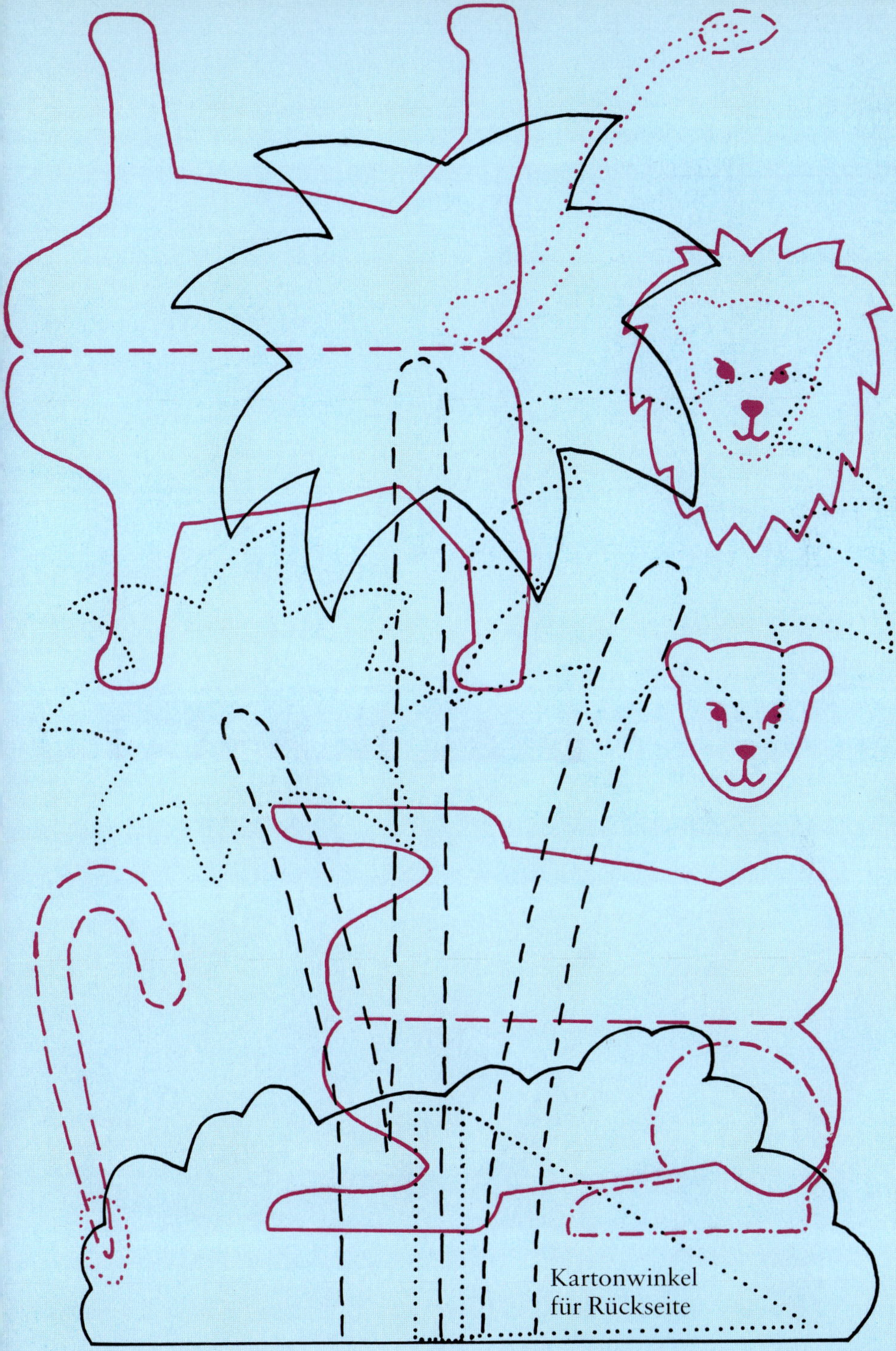
Kartonwinkel
für Rückseite

Elefanten

Den Elefanten ausschneiden und entlang der gestrichelten Linie umknicken. Die Elefantenbeine an der Innenseite bis zum Ende der durchgezogenen Linien nachschneiden. Die dadurch entstehenden beiden Papierstreifen werden in leichtem Bogen als Elefantenbauch übereinandergeklebt. Die Stoßzähne anbringen.

Beide Kopf- und Rüsselhälften zusammenkleben. Ohren und Sattel befestigen und schließlich die Augen aufmalen.

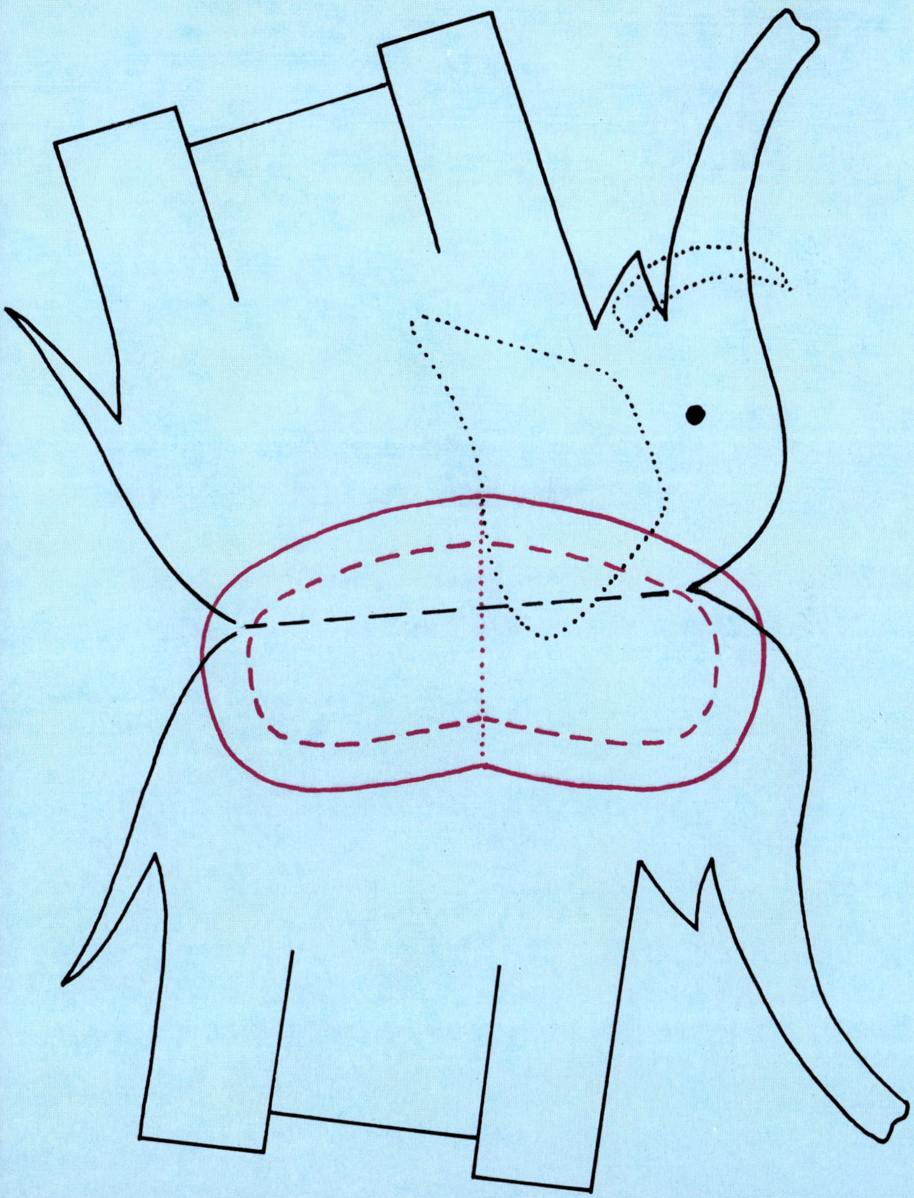

Eulen

Braunes Tonpapier in der Mitte falten und eine Eulenhälfte aufzeichnen. Die Eule ausschneiden und aufklappen. Alle gestrichelten Linien mit Nagelfeile und Lineal nachziehen. Mit dem Cutter oder einem Bastelmesser die durchgezogenen Linien der Flügel einschneiden. Den Schwanz nach hinten, die Füße sowie die Flügel nach vorne klappen. Zuletzt Ohren, Schnabel und Augen aufkleben.

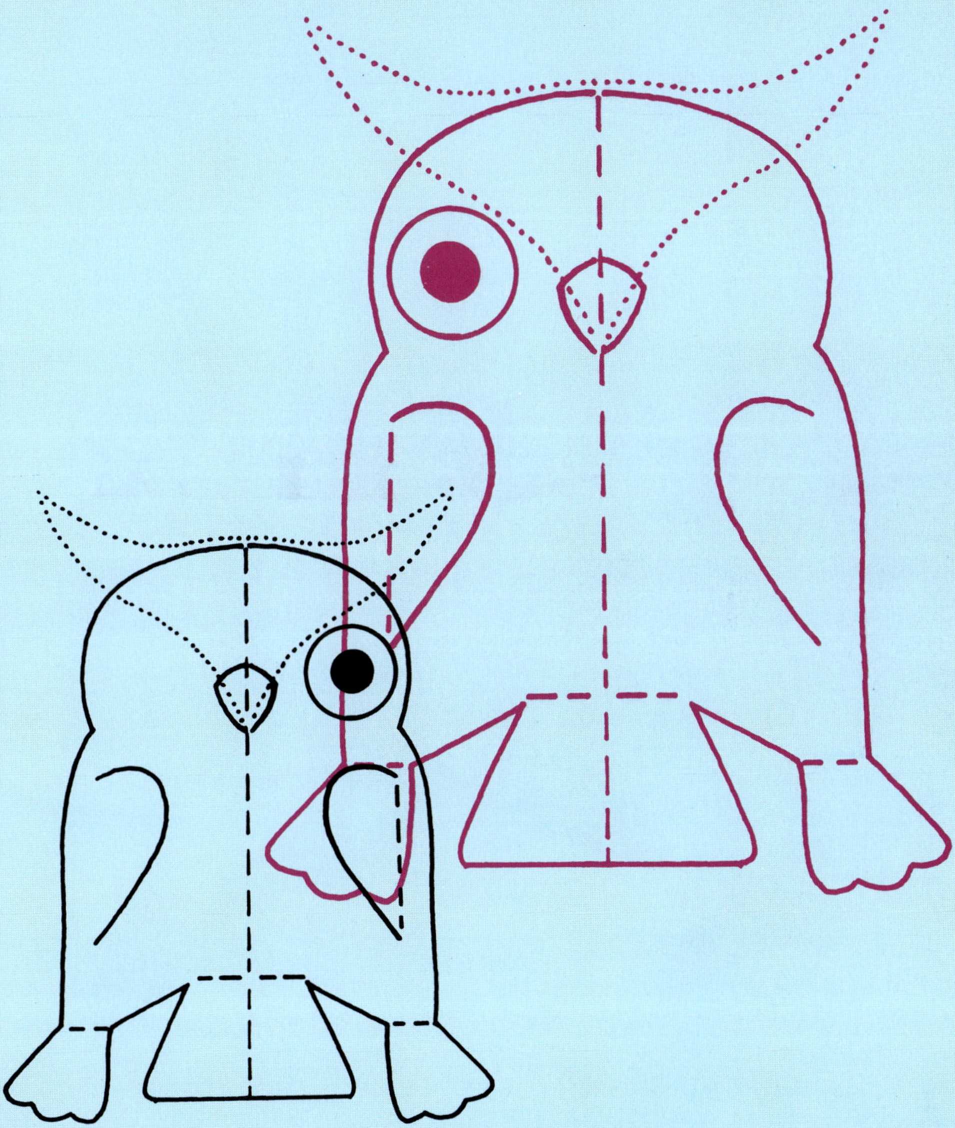

Karin
Susanne

Krokodile

Den grünen Rumpf entlang der gestrichelten Linien ziehharmonikaartig zusammenfalten. Am Kopf, der bisher nur aus dem Unterkiefer besteht, den Oberkiefer befestigen. Auf dem Oberkiefer das Augenteil mit den aufgeklebten Augen fixieren. Das Krokodilmaul mit rotem Tonkarton (Strichpunkt-Linie) bekleben. Die beiden Beinpaare entlang der gestrichelten Linien falten und am Rumpf befestigen.

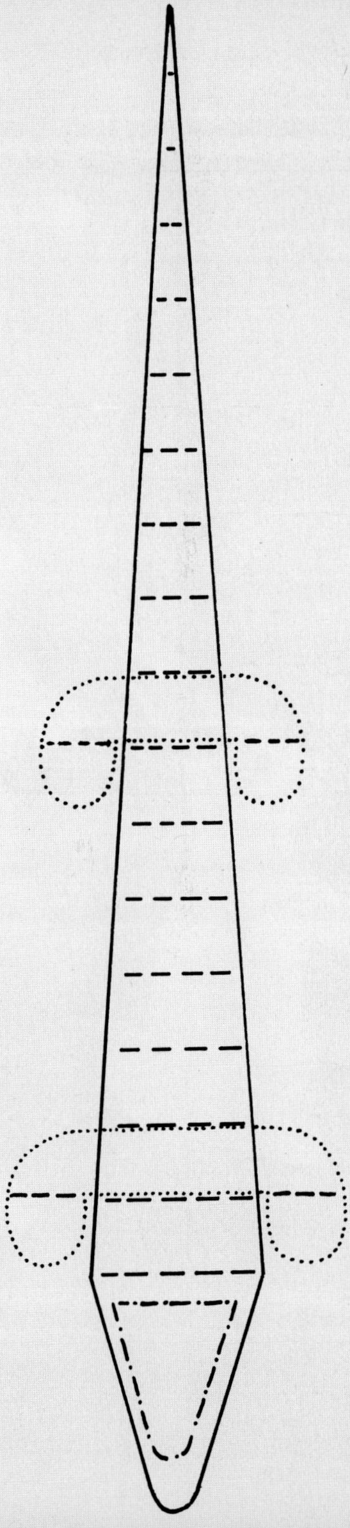

Hasen

Die Hasen samt rosa Innenohren jeweils doppelt ausschneiden. Mit Nagelfeile und Lineal die Strichpunkt-Linie nachziehen. Zwei Hasen oberhalb der Strichpunkt-Linie zusammenkleben, dabei zwischen die Ohren keinen Klebstoff streichen, damit sie später leicht auseinandergebogen werden können. Die Innenohren aufkleben. Mit feinem Filzstift Augen und Nasenlöcher aufmalen.

Nashörner

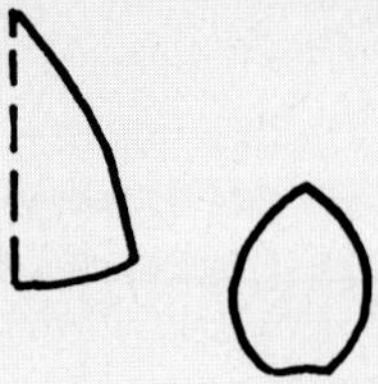

Den Nashornkörper ausschneiden, entlang der gestrichelten Linie umklappen und am Kopf zusammenkleben. Das Horn wird aus doppelt gelegtem Tonkarton ausgeschnitten und an der gestrichelten Linie leicht auseinandergebogen. Horn, Ohren und Schwanz anbringen. Zum Schluß Augen und Nasenlöcher aufmalen.

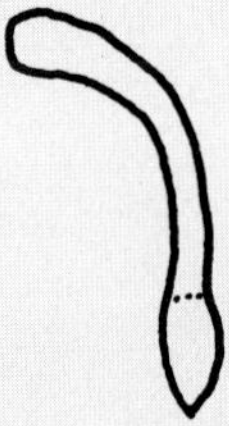

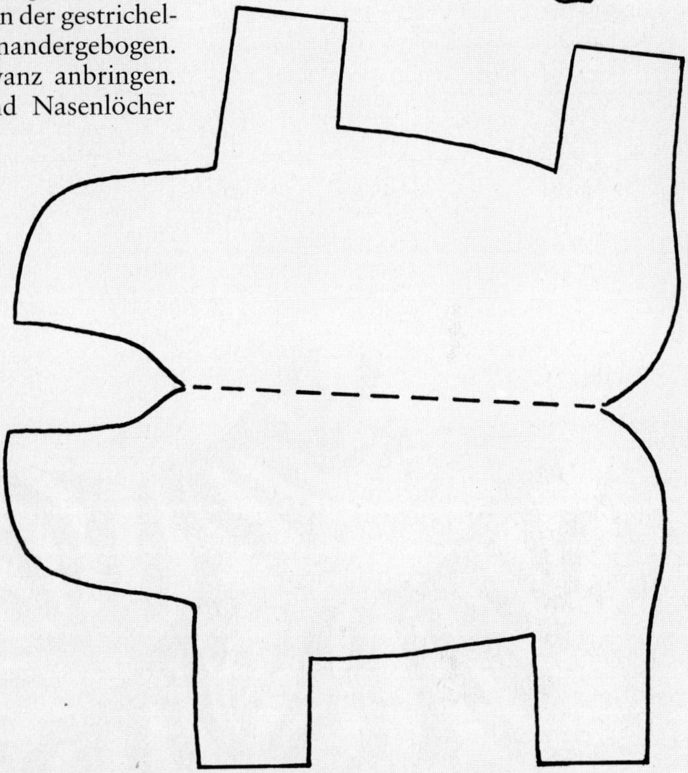

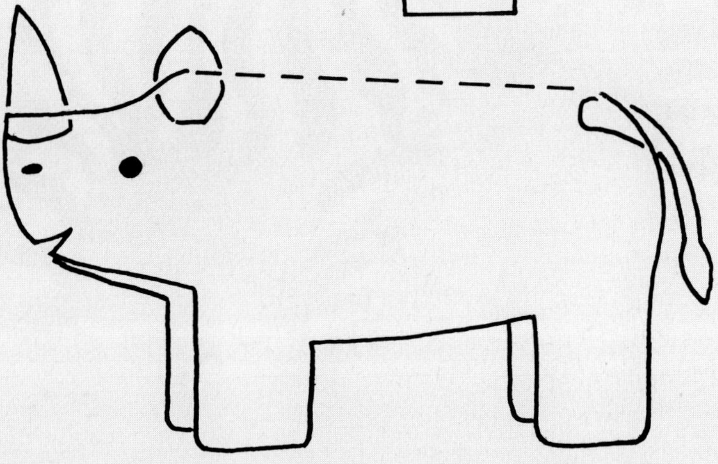

Zebras

Rumpf und Ohren doppelt sowie Mähne und Schweif einmal ausschneiden. Mit Nagelfeile und Lineal die gestrichelte Linie in Rumpfmitte nachziehen. Nun Mähne und Schweif an einem Rumpfteil fixieren, dann das zweite Rumpfteil oberhalb des Falzes mit Klebstoff bestreichen und auf das andere Teil kleben. Die Beine auseinanderbiegen. Augen, Nüstern und die Fellzeichnung mit einem Filzstift aufmalen. Abschließend die beiden Ohren ankleben.

Mäuse

Der erste Falz am Rumpf befindet sich genau in der Mitte. Entlang der beiden anderen gestrichelten Linien wird das Papier in entgegengesetzter Richtung gefaltet. Den Mäuserumpf am Rücken zusammenkleben. Ohren, Schwanz und Beine anbringen. Die Ohren werden nur unterhalb der punktierten Linie angeklebt. Den Schwanz an der gestrichelten Linie knicken und ihn in den Mäusekörper kleben.

Das Häuschen besteht aus zwei Teilen. In die Hauswand, die aus einem Papierstreifen besteht, ein Schlupfloch schneiden und dann das Papier ringförmig zusammenkleben. Für das Dach aus einer Scheibe eine schmale Kerbe bis zum Kreismittelpunkt schneiden, die Schnittkanten übereinanderschieben und fixieren. Den oberen Rand der Hauswand mit Klebstoff bestreichen und das Dach aufsetzen.

Katzen

Den Rumpf ausschneiden und entlang der gestrichelten Linie umknicken. Den Kopf ausschneiden, mit Bleistift das Katzengesicht leicht vorzeichnen und mit schwarzem Filzstift nachziehen. Katzenkopf und -schwanz ankleben. Mit einem dicken, schwarzen Filzstift kann das Katzenfell noch gemustert werden.

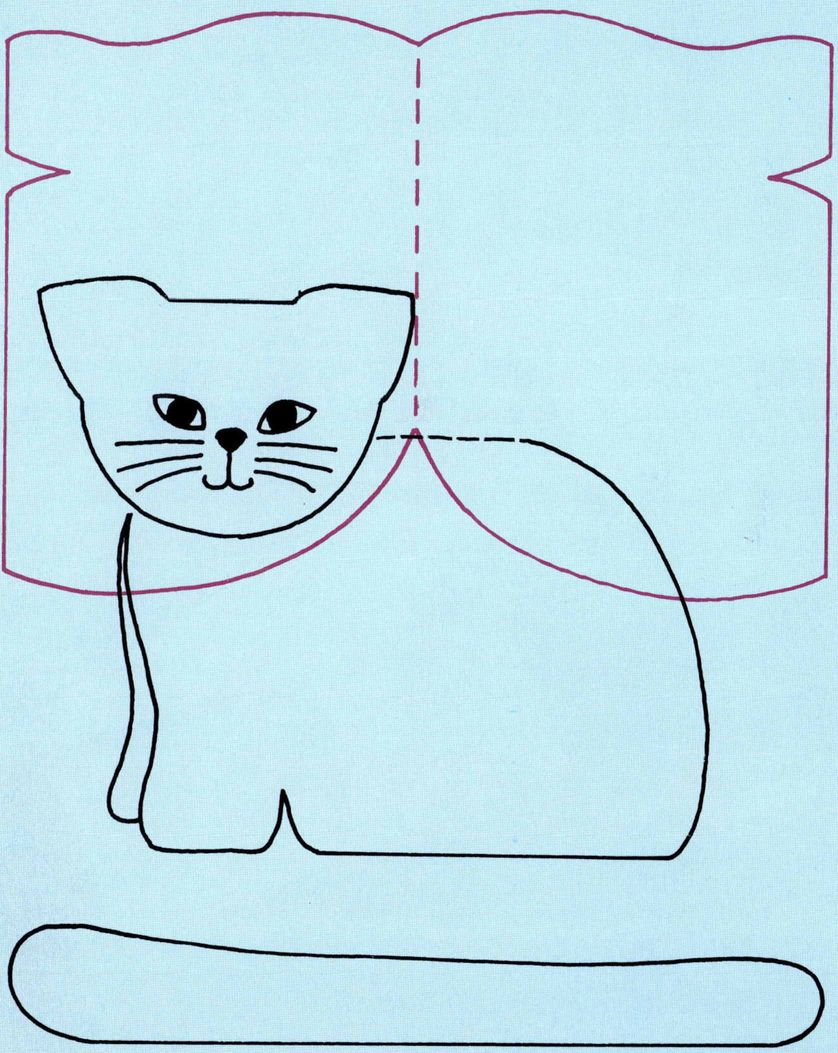

Seehunde

Graues Tonpapier falten und direkt am Falz die Kontur des Seehundes so aufzeichnen, daß der Falz die Rückenlinie des Tieres bildet. Den Seehund ausschneiden und die Flossen entlang der punktierten Linien nach oben biegen. Augen und Nase mit Filzstift aufmalen.

Die bunten Bälle bestehen jeweils aus drei bunten Tonpapierscheiben, die in der Mitte gefaltet und aufeinandergeklebt werden.

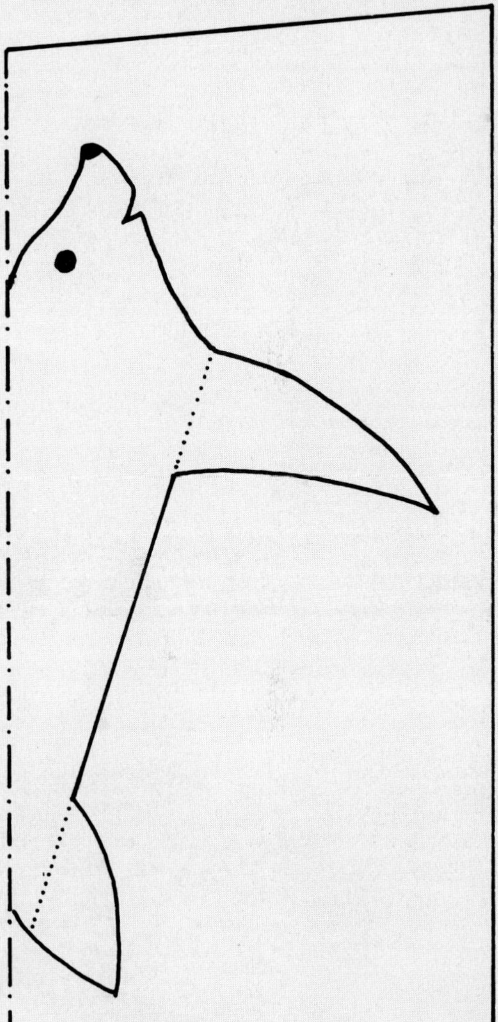

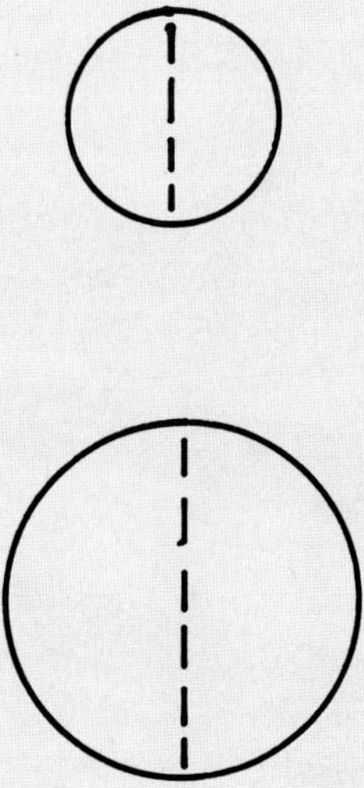

Julian

Hund

Auf dem Rücken des Hundes befinden sich drei Falze. Den Hundekopf doppelt ausschneiden, an der Schnauze und am Scheitel zusammenkleben. Anschließend den Kopf am Rumpf befestigen. Die aufgeklebten Ohren verdecken die Klebestellen am Hundehals. Beidseitig die schwarze Nase aufkleben und die Augen aufmalen.

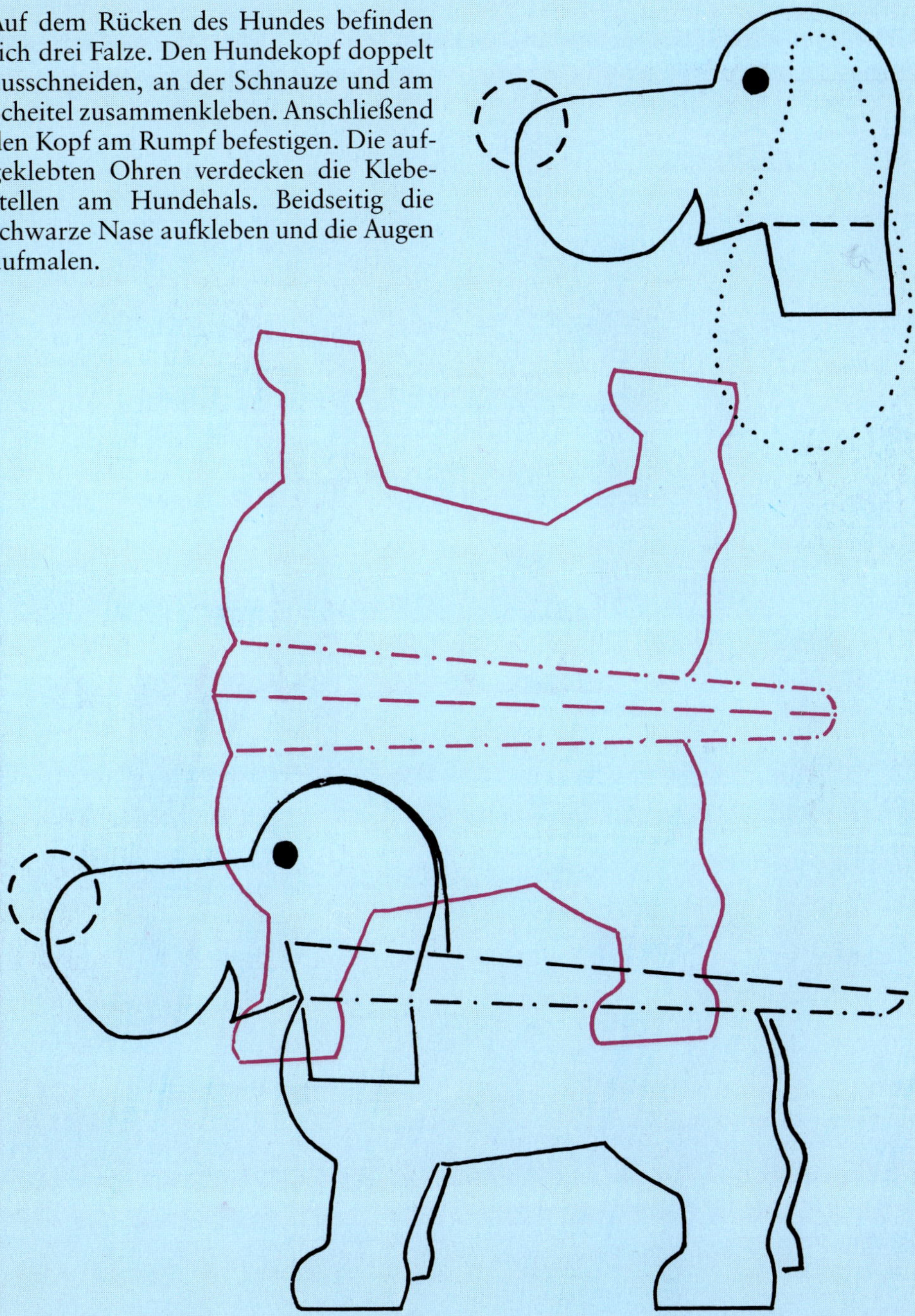

Pinguine

Die Vorlage mit der durchgezogenen Linie aus schwarzem Tonkarton ausschneiden und entlang der gestrichelten Linie falten. Aus weißem Tonkarton das Teil mit der Strichpunkt-Linie zweimal anfertigen und von innen gegen den schwarzen Karton kleben. Nun die Füße, die an der punktierten Linie umgeklappt werden, an der weißen Innenseite befestigen. Den Rumpf so zusammenklappen, daß die schwarze Seite außen ist und am Kopf zusammenkleben. Beidseitig am Kopf Schnabel und Augen fixieren. Abschließend die Flügel anbringen.

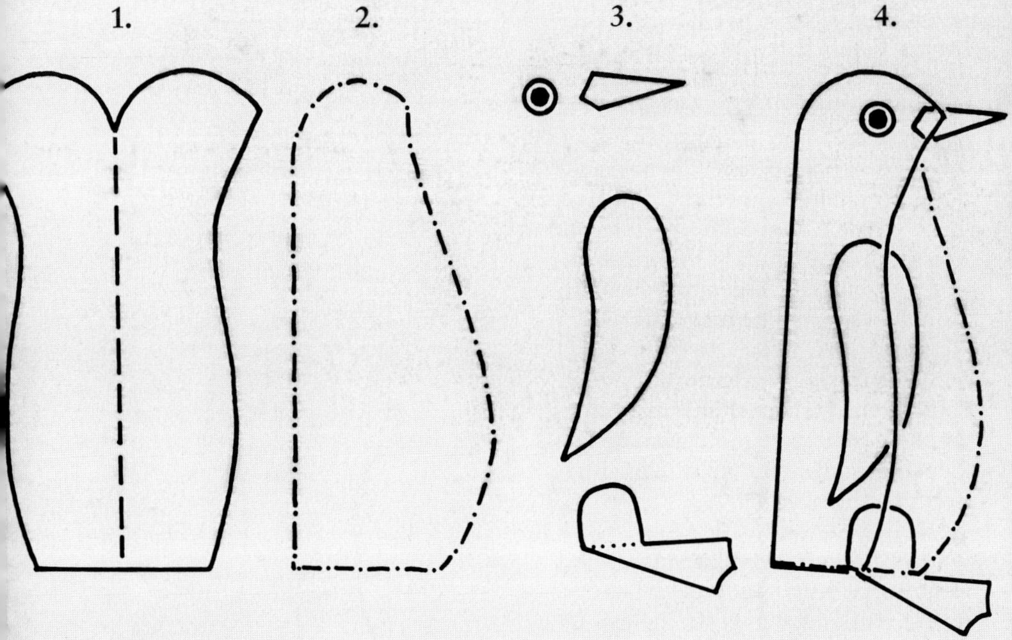

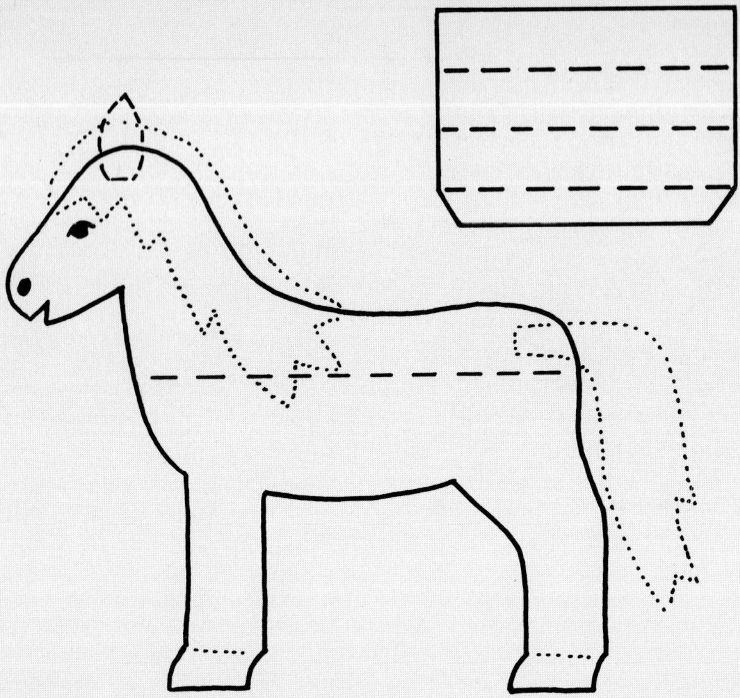

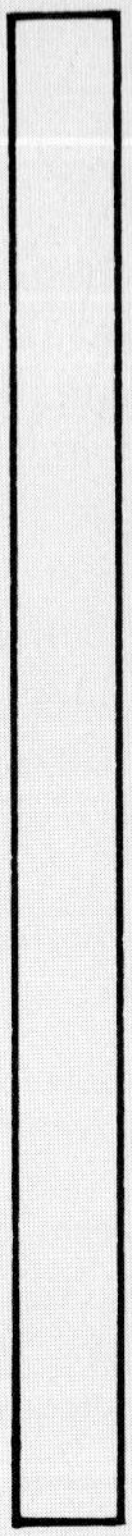

Ponys

Bis auf den Schweif werden alle Teile doppelt benötigt. An beiden Körperhälften mit Nagelfeile und Lineal die gestrichelte Linie nachziehen. Zwischen beide Rumpfteile, die oberhalb der gestrichelten Linie zusammengeklebt werden, den Schweif einlegen. Beidseitig Mähne und Ohren anbringen. Mit Filzstift Augen und Nüstern aufmalen sowie die Hufe einfärben.

Die Pfosten des Weidezaunes werden entlang der gestrichelten Linien dreimal umgeschlagen und zusammengeklebt. Anschließend die waagrechten Bretter anbringen.

Bei den Bäumen werden Stamm und Laubwerk aufeinandergeklebt und mittig, entlang der gestrichelten Linie, rechtwinklig umgeklappt.

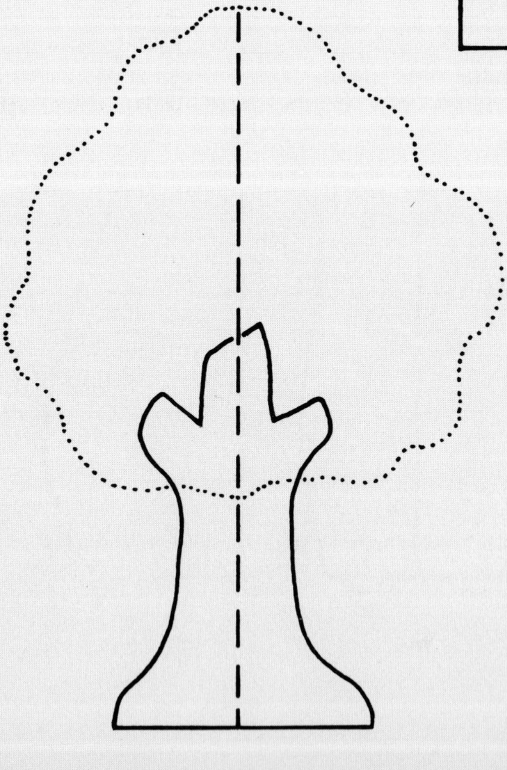